Möge der Allmächtige Sie und Ihre Familie
mit seinem Segen beschenken.

**Raschidun-Kalifen**
Herausgegeben von Hidayah-Verlag



ISBN: 978-1-990544-84-2

# Das Raschidun-Kalifat

## 632-661 CE

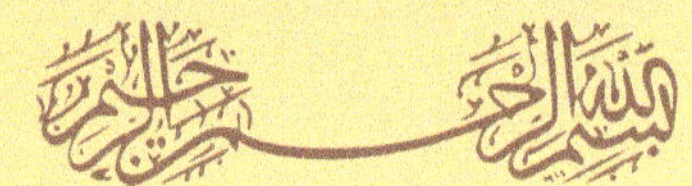

# Was ist ein Kalifat?

Vor dem Aufkommen des Islam folgten die arabischen Stämme autonomen nomadischen und sesshaften Stammesgemeinschaften. Nach den ersten muslimischen Eroberungen des Propheten Muhammad ﷺ wurde die Region unter dem Islam politisch vereinheitlicht und erweitert.

Ein Kalifat ist ein islamischer Staat unter der Führung eines islamischen Verwalters mit dem Titel "Kalif"; eine Person, die als politisch-religiöser Nachfolger des Propheten Muhammad ﷺ und als Herrscher über die gesamte muslimische Welt (Ummah) gilt. Historisch gesehen waren die Kalifate politische Organisationen auf der Grundlage des Islam, die sich zu multiethnischen transnationalen Imperien entwickelten. Während des Mittelalters lösten drei Hauptkalifate einander ab: Das Kalifat der Raschidun (632-661), das Kalifat der Umayyaden (661-750) und das Kalifat der Abbasiden (750-1517). Im Vierten Großen Kalifat, dem Osmanischen Kalifat, beanspruchten die Herrscher des Osmanischen Reiches ab 1517 die kalifale Autorität.

Das erste Kalifat des Islam, das Raschidun-Kalifat, folgte unmittelbar auf den letzten Gesandten Allahs, den Propheten Muhammad ﷺ, im Jahr 632 n. Chr. Die vier Kalifen des Rashidun-Kalifats wurden von der Schura gewählt, einem gemeinschaftlichen Konsultationsprozess, den manche als eine frühe Form der islamischen Demokratie ansehen.

# Wer ist ein Kalif?

Khalifah (Kalif) bedeutet Nachfolger, jemand, der jemandem in irgendeiner Position folgt oder nachfolgt. Der Begriff wurde zum ersten Mal von Muslimen verwendet und bezog sich auf Abu-Bakr al-Sidique[R.A], als er 632 n.Chr. die Nachfolge des Propheten Muhammad ﷺ antrat. Abu-Bakr[R.A] wurde Khalifah-tur-Rasulallah (der Nachfolger des Apostels Gottes) genannt, und von diesem Moment an wurde der Begriff für alle Oberhäupter der islamischen Staaten im islamischen goldenen Zeitalter verwendet. Der Titel Khalifah (Kalif) implizierte die Funktion des Staatsoberhauptes. Seine Aufgabe war es nicht, neue Interpretationen in religiösen Angelegenheiten zu geben, sondern sich an den Koran und die Sunna (die Praktiken von Rasolallah ﷺ) zu halten. Das Amt des Kalifats war für die Anwendung und Verteidigung der Scharia' (islamisches Recht) verantwortlich. Daher hatte der Kalif geistliche und weltliche Funktionen und diente als geistlicher und politischer Führer.

# Abu Bakr As-Siddique

## 632-634 CE

# Abstammung und frühes Leben

Abu Bakr Siddique[(R.A)], im Volksmund Abu Bakr genannt, ist der erste Kalif nach dem Propheten Mohammad ﷺ. Sein vollständiger Name ist Abdullah bin Abu Quhafah Uthman bin Aamer Al Qurashi Al Taymi. Seine Abstammung verbindet sich mit der des Propheten ﷺ sechs Generationen vor ihm.

Abu Bakr Siddique[(R.A)] wurde im Jahr 573 n.Chr. (Christliche Ära) in Makkah geboren, zwei Jahre und einige Monate nach der Geburt des Propheten Mohammad ﷺ. Abu Bakr[(R.A)] wurde von seinen anständigen, guten Eltern erzogen; dadurch erlangte er ein beachtliches Selbstwertgefühl und einen edlen Status. Sein Vater Uthman Abu Quhafah nahm den Islam am Tag des Sieges in Makkah an. Seine Mutter Salma bint Sakhar, auch bekannt als Umm Al Khair, nahm den Islam früh an und wanderte nach Madinah aus.

Abu Bakr Siddique[(R.A)] verbrachte seine frühe Kindheit, wie andere arabische Kinder dieser Zeit, unter den Beduinen. In seinen frühen Jahren spielte er mit den Kamelkälbern und Ziegen, und seine Liebe zu den Kamelen brachte ihm den Spitznamen "Abu Bakr" ein, was so viel bedeutet wie 'der Vater des Kamelkalbes.'

Im Jahr 591 n.Chr., im Alter von 18 Jahren, ging Abu Bakr[(R.A)] in den Handel und nahm den Beruf eines Tuchhändlers an, was das Geschäft seiner Familie war. Er begann sein Geschäft mit einem Kapital von vierzigtausend Dirhams und reiste ausgiebig mit Karawanen (Kamelzug, Reihe von Kamelen, die Passagiere von einem Ort zum anderen transportieren). Geschäftsreisen führten ihn in den Jemen, nach Syrien und in viele andere Länder des heutigen Nahen Ostens. Seine Geschäfte florierten, und obwohl sein Vater noch lebte, wurde Abu Bakr[R.A] aufgrund seiner vielen Qualitäten wie Wissen über die Geschichte der arabischen Stämme (genealogisches Wissen), Politik, Handel/Geschäfte, seine Freundlichkeit und viele andere als Häuptling seines Stammes anerkannt. Schon vor dem Islam erlangte Abu Bakr Siddique[R.A] große Werte, hohe Ethik und gute Verhaltensweisen innerhalb der unwissenden Gesellschaft. Er war unter den Menschen in Makkah als ein Führer über die anderen in Moral und Werten bekannt. Daher wurde er nie verworfen oder für irgendeine Unzulänglichkeit unter dem Stamm der Quraisch kritisiert.

## Akzeptanz des Islam

Abu Bakr Siddique[R.A] hat den Islam nach einer langen Suche nach der wahren Religion angenommen. Als Abu Bakr[R.A] den Islam annahm, war der Prophet ﷺ überglücklich, denn Abu Bakr[R.A] war eine Quelle des Triumphes für den Islam aufgrund seiner Vertrautheit mit dem Stamm der Quraisch und seines edlen Charakters, dass Allah ihn erhöht hat.

Der Heilige Prophet ﷺ sagte einmal:

"Abu Bakr war die einzige Person, die den Islam sofort und ohne Verdacht annahm."

## Der Titel von "As-Siddique"

As-Siddique, der bekannteste Titel von Abu Bakr[R.A], kommt von dem Wort "Sidq", das Wahrhaftigkeit bedeutet. Daher bedeutet das Wort As-Siddique eine Person, die ständig wahrhaftig ist oder die ständig an die Wahrhaftigkeit von etwas oder jemandem glaubt. Im Fall von Abu Bakr[R.A] an die Wahrhaftigkeit des Propheten Mohammad ﷺ. Der Titel 'As-Siddique' wurde Abu Bakr[R.A] von keinem anderen als dem Heiligen Propheten ﷺ verliehen.

## Migration von Makkah nach Madinah

Als der Prophet ﷺ und seine Gefährten (Sahaba) immens unter dem Schaden der Quraisch litten, befahl der Prophet ﷺ seinen Gefährten, nach Madinah zu ziehen. Während das Haus des Propheten ﷺ von einer Gruppe von Schwertkämpfern aus allen Stämmen von Mekka belagert wurde, ließ er seinen Cousin Ali bin Abi Talib[R.A] in seinem Bett zurück und schlüpfte unbemerkt aus dem Haus, und brach mit Abu Bakr[R.A] in den frühen Morgenstunden auf. Ihre Reise von Makkah nach Madinah war voller Abenteuer. Sobald die belagernden Schwertkämpfer entdeckten, dass sie hereingelegt wurden, machten sie sich auf die Suche nach dem Rasolallah ﷺ und Abu Bakr[R.A]. Es wurde eine öffentliche Belohnung von hundert Kamelen für denjenigen ausgesetzt, der sie finden würde. Es geschah jedoch, dass, als sie sich in einer Höhle namens Thaur versteckten (wo sie drei Nächte verbrachten), eine Spinne ihr Netz an der Öffnung der Höhle spinnte und eine Taube dort ihr Nest baute. Die Schwertkämpfer folgten ihren Spuren bis zu ihrem Versteck, aber als sie das Netz sahen und es noch früh am Morgen war, gingen sie nach Hause und sagten allen, dass eine weitere Verfolgung erfolglos sei.

Der Gesandte Allahs ﷺ sagte einmal über Abu Bakr[R.A]:

"Keiner hat mir geholfen, ohne es zu erwidern, außer Abu Bakr, der mir Hilfe gegeben hat, die Allah ihm am Tag der Auferstehung vergelten wird. Niemandes Eigentum hat mir in dem Maße genützt wie das von Abu Bakr. Und wenn ich mir einen Khalil (Freund) nehmen würde, dann hätte ich Abu Bakr als Khalil genommen, und wahrlich, dein Gefährte ist Allahs Khalil." (Tirmidhi: 3661)

Abu Bakr[R.A] hatte auch viele Sklaven befreit, da er Mitleid mit ihnen hatte. Laut Quellen kaufte und befreite er acht Sklaven, vier Männer und vier Frauen, indem er vierzigtausend Dinar für ihre Freiheit zahlte. Bilal bin Rabah[R.A], einer der treuesten und vertrauenswürdigsten Gefährten des Propheten Mohammad ﷺ, war einer der Sklaven, die Abu Bakr[R.A] aus der Sklaverei befreite.

## Der erste Kalif des Islam

Abu Bakr Siddique[R.A], als er die Nachricht vom Ableben des Propheten Muhammed ﷺ hörte, eilte er zu seinem Haus. Auch er war schockiert und fühlte sich, als ob ein lebenswichtiger Teil seines Körpers abgeschnitten wurde. Er kam dort an und küsste dreimal die Stirn des Propheten Muhammad ﷺ und sagte,

"O Gesandter Allahs ﷺ! Dein Tod ist so sauber und anmutig, wie dein Leben war." (Ibn e saad)

Was für ein furchtbarer Tag war das für alle Gefährten. Jedes Herz war traurig, und jedes Auge vergoss Tränen. Keiner war bereit, es zu akzeptieren.

Nach den Beratungen, dem Tag, an dem Rasolallah ﷺ verstarb, wurde Abu Bakr(R.A) am Abend zum ersten Kalifen des Islam gewählt. Drei Tage zuvor hatte Rasolallah ﷺ Abu Bakr(R.A) die Verantwortung für die wichtigste Säule des Islam, den Namaz, übertragen. Er verdiente es, Kalif zu sein, denn er war der engste aller Gefährten, der Freund der Höhle und der Schwiegervater des Heiligen Propheten ﷺ. Er ist auch als der Pionier des Islam bekannt, da er von den frühen Konvertiten war.

Abu Bakr(R.A) kämpfte ein ganzes Jahr lang gegen die falschen Propheten und diejenigen, die die Gesetze der islamischen Regierung nicht befolgen. Jede Bedrohung war am Ende des Jahres verringert worden, und seine Position in der Nation war eingerichtet.

## Wichtige Beiträge

Eine der herausragendsten Leistungen, die Abu Bakr Siddique(R.A) für den Islam erbracht hat, war die Kompilation des Heiligen Qur'an. Zu dieser Zeit gab es hunderte von Auswendiglern, die den gesamten Qur'an auswendig gelernt hatten, aber der Heilige Qur'an war nie in einer Buchform zusammengestellt worden. Umer bin Khattab(R.A) drängte Abu Bakr(R.A), ihn in Form eines Buches niederzuschreiben. Abu Bakr (Friede sei mit ihm) zögerte zunächst, weil dies nicht vom Heiligen Propheten (Friede sei mit ihm) selbst getan worden war. Doch nach einiger Debatte über das Thema stimmte er zu und ernannte Zaid ibn Thabit(R.A) für diese Arbeit. Zaid(R.A) zögerte bei dem Gedanken, eine so bedeutsame Aufgabe zu übernehmen, aber später fasste er

Mut und begann die Arbeit. Zaid[R.A] war die fähigste Person, um damit beauftragt zu werden, da er als Schreiber des Propheten ﷺ fungiert hatte, und einer der Gefährten, der den Qur'an direkt von ihm gelernt hatte.

Zaid ibn Thabit[R.A] sagte:

"Bei Allah, wenn Abu Bakr[R.A] befohlen hätte, einen der Berge von seinem Platz zu versetzen, wäre es für mich nicht schwieriger gewesen als das, was er mir bezüglich der Sammlung des Qur'an befohlen hatte."

Es wird von Ali bin Abi Talib[R.A] berichtet, der sagte:

"Derjenige, der die größte Belohnung unter den Menschen hat, ist Abu Bakr, denn er war einzigartig in der Zusammenstellung des Qur'an."

## Tod und Begräbnisort

Abu Bakr Siddique[R.A] starb am 22. Jumada Al-Akhirah, 13. n. Chr. (Montag, 23. August 634 n. Chr.), nachdem er fünfzehn Tage lang an Fieber gelitten hatte, während derer er die Anweisung gab, dass Umar bin Khattab (Friede sei mit ihm) die Gebete leiten sollte. Als Abu Bakr[R.A] starb, war er dreiundsechzig Jahre alt, und sein Kalifat hatte nur zwei Jahre und drei Monate gedauert. Während seiner Krankheit dachte er über den Islam und die Zukunft der Stabilität des Staates nach. Nachdem er sich mit vielen der bekannten Gefährten des Heiligen Propheten ﷺ beraten hatte, beschloss Abu Bakr[R.A], das Kalifat an Umar bin Khattab[R.A] zu übertragen.

Bevor er starb, gab Abu Bakr[R.A] alles zurück, was er während seines Kalifats aus dem Staatsschatz genommen hatte. Es wird gesagt, dass er überhaupt kein Geld vermachte. Er hinterließ nur einen Diener, ein Kamel und ein Kleidungsstück. Seine Anweisung lautete, dass nach seinem Tod das Gewand seinem Nachfolger übergeben werden sollte. Als er es sah, weinte Umar(R.A) und sagte:

"Abu Bakr(R.A) hat die Aufgabe seines Nachfolgers sehr schwer gemacht."

Als er starb, leitete Umar(R.A) das Totengebet, und sein Grab wurde neben das des Propheten ﷺ gelegt. So war der friedliche Tod von Abu Bakr Siddique(R.A) nach einem lebenslangen Kampf für die Sache des Islam. Während der frühen Jahre des Islam war Abu Bakr(R.A) eine Quelle des Trostes und der ständigen Hilfe für den Heiligen Propheten ﷺ, immer bereit, seinen Reichtum und sein eigenes Leben für die Sache des Islam zu opfern. Nach dem Heiligen Propheten ﷺ machte Abu Bakr(R.A) dort weiter, wo der Prophet ﷺ aufgehört hatte. Er stärkte die Grundlagen der muslimischen Nation weiter, indem er die Abtrünnigen bekämpfte und besiegte und dann den Islam in einigen der bedeutenden Eroberungen während seines Kalifats verbreitete.

Möge Allah mit Abu Bakr(R.A) zufrieden sein und ihn mit dem besten aller Belohnungen belohnen. Ameen.

# Umar Al-Farooq

## 634-644 CE

## Abstammung und Frühes Leben

Sein voller Name ist Umar ibn Al-Khattab[R.A.]. Er war als Abu Hafs bekannt und verdiente sich den Beinamen Al-Farooq (das Kriterium), weil er seinen Islam in Mekka offen zeigte und Allah[S.W.T.] durch ihn zwischen Unglauben und Glauben unterschied. Er wurde im Jahre 584 n.Chr. geboren. Sein Vater war Al-Khattab ibn Nufayl, und sein Großvater Nufayl war einer von denen, die der Stamm der Quraisch zur Beurteilung heranzog. Seine Mutter war Hantamah bint Hashim bin Al Mugheerah.

Umar[R.A.] verbrachte die Hälfte seines Lebens in der vorislamischen Gesellschaft (Jahiliyah) und wuchs wie seine Altersgenossen aus Quraisch auf, mit der Ausnahme, dass er einen Vorteil gegenüber ihnen hatte, da er derjenige war, der lesen gelernt hatte, von denen es nur sehr wenige gab. Er trug schon in jungen Jahren Verantwortung und hatte eine sehr harte Erziehung, in der er keine Art von Luxus oder Manifestation von Reichtum kannte. Sein Vater, Al-Khattab, zwang ihn, seine Kamele zu hüten.

Außerdem zeichnete er sich seit seiner frühen Jugend in vielen Sportarten aus, wie z. B. Ringen, Reiten und Horsemanship. Er genoss und erzählte Poesie und war an der Geschichte und den Angelegenheiten seines Volkes interessiert. Außerdem betrieb er Handel und profitierte, was ihn zu einem der reichsten Männer von Makkah machte. Er lernte viele Menschen in den Ländern kennen, die er für den Handel besuchte. Er reiste im Sommer nach Syrien und im Winter in den Jemen. So nahm er in der vorislamischen Zeit eine herausragende Stellung in der Gesellschaft von Makkah ein.

Umar<sup>(R.A)</sup> war weise, eloquent, sprachgewandt, stark, tolerant, edel, überzeugend und klar in der Sprache, was ihn zum Botschafter der Quraisch qualifizierte. Er war ein erfahrener Jurist und ist bekannt für seine Gerechtigkeit, gleichermaßen für Muslime und Nicht-Muslime. Dieser Wert brachte ihm den Titel 'Al- Farooq' (derjenige, der zwischen Recht und Unrecht unterscheidet) ein.

## Annahme des Islam

Als einer der rabiatesten Feinde des Islam und des Heiligen Propheten ﷺ war er ein Peiniger der Muslime, und jeder fürchtete ihn.

Es wird erzählt, dass Umar<sup>(R.A)</sup> eines Tages aus lauter Wut beschloss, den Heiligen Propheten ﷺ zu töten und mit dieser Absicht das Haus verließ. Als er sich dem Haus des Heiligen Propheten ﷺ näherte, hielt ihn ein Mann auf. Als der Mann erfuhr, was Umar<sup>(R.A)</sup> vorhatte, sagte er ihm: "Deine Schwester und ihr Mann haben auch den Islam angenommen. Warum gehst du nicht zurück in dein Haus und bringst es in Ordnung!"

Als er das hörte, änderte er wütend seine Richtung und machte sich auf den Weg zum Haus seiner Schwester. Als er sich ihrem Haus näherte, konnte er hören, wie der Qur'an rezitiert wurde.

Umar(R.A) ging auf das Haus zu und klopfte an die Tür. Als die Schwester und ihr Mann das Klopfen an der Tür hörten, beeilten sie sich, das Buch zu verstecken. Umar(R.A) betrat das Haus und verlangte zu wissen, was das summende Geräusch sei, das er hörte. Seine Schwester antwortete, dass es das Geräusch war, das sie miteinander sprachen. Aber Umar(R.A) kannte den Klang des Qur'an sehr gut, also fragte er sie wütend.

"Seid ihr Muslime geworden?"

"Ja, das haben wir.", antwortete der Ehemann der Schwester. Umar(R.A) schlug ihn im Zorn, und als die Schwester versuchte, ihren Mann zu verteidigen, schlug er auch ihr Gesicht. Das Blut begann nun aus ihrem Gesicht zu tropfen. Sie stand auf, stellte sich ihrem wütenden Bruder gegenüber und sagte: "Du bist ein Feind Gottes! Du hast mich geschlagen, nur weil ich an Allah glaube. Ob du es willst oder nicht, ich bezeuge, dass es keinen Gott außer Allah gibt und dass Muhammad ﷺ, sein Sklave und Gesandter ist. Macht, was ihr wollt!"

Umar(R.A) sah das Blut über das Gesicht seiner Schwester laufen. Ihre Worte hallten in seinen Ohren wider. Er verlangte, dass ihm die Worte des Qur'an rezitiert werden, die er gehört hatte, als er sich dem Haus näherte. Seine Schwester bat ihn, sich zu waschen, bevor sie diese Worte rezitierte. Er stimmte zu, wusch sich und kam zurück. Als seine Schwester die Worte aus dem Qur'an rezitierte, füllte es seine Augen mit heißen Tränen.

"Ist es das, womit wir es zu tun hatten?", rief er. "Derjenige, der diese Worte gesprochen hat, muss angebetet werden." Umar(R.A) verließ das Haus seiner Schwester und eilte zum Gesandten Allahs ﷺ..

Die Gefährten, die den Heiligen Propheten ﷺ begleiteten, hatten Angst vor Umar(R.A), deshalb versuchten sie, ihn aufzuhalten.

Rasulallah ﷺ fragte: "Warum bist du hergekommen, Sohn von Khattab?"

Umar(R.A) stand dem Heiligen Propheten ﷺ mit Demut und Freude gegenüber und sagte: "O Gesandter Gottes! Ich bin aus keinem anderen Grund gekommen, als zu sagen, dass ich an Gott und Seinen Gesandten glaube." Der Heilige Prophet ﷺ wurde von Freude überwältigt und rief aus, dass Allah groß ist.

Seine Bekehrung hatte eine wundersame Wirkung auf die Menschen in Mekka, und mehr und mehr Menschen begannen nun, die Botschaft des Heiligen Propheten ﷺ anzunehmen.

Umar(R.A) lebte in der vorislamischen Zeit und kannte sie in- und auswendig. Er kannte ihr wahres Wesen, ihre Bräuche und Traditionen, und er verteidigte sie mit aller Kraft, die er besaß. Daher verstand er, als er in den Islam eintrat, seine Schönheit und wahre Natur, und er erkannte den großen Unterschied zwischen Rechtleitung und Irreführung, Unglauben und Glauben, Wahrheit und Falschheit.

## Migration von Makkah nach Madinah

Als Umar(R.A) beschloss, nach Madinah zu ziehen, bestand er darauf, dies offen zu tun. Ibn Abbas(R.A) sagte:

"Ali bin Abi Talib(R.A) sagte zu mir: 'Ich kenne keinen der Migranten, der nicht im Geheimen migriert ist, außer Umar ibn Al-Khattab. Als er beschloss, auszuwandern, zog er sein Schwert an, legte seinen Bogen über seine

Schulter, nahm seine Pfeile auf und trug seinen Stock. Er ging hinaus zur Ka'bah, wo eine Anzahl von Quraisch in ihrem Hof versammelt waren. Er sagte zu ihnen: "Mögen eure Gesichter hässlich werden! Allah wird diese Nasen nur in den Staub reiben. Wer auch immer will, dass seine Mutter ihm entrissen wird und seine Kinder zu Waisen werden und seine Frau zur Witwe, der soll mich hinter diesem Tal treffen.' Ali[R.A] sagte: 'Niemand ist ihm gefolgt.'"

## Der Nachfolger von Kalif Abu Bakr[R.A]

Als die Krankheit von Abu Bakr[R.A] immer stärker wurde, versammelten sich die Leute um ihn, und er sagte:

"Eure Angelegenheiten liegen in euren Händen, also ernennt über euch, wen immer ihr wollt. Wenn du jemanden ernennst, während ich noch lebe, halte ich es für weniger wahrscheinlich, dass du nach meinem Tod geteilt wirst."

Daraufhin kamen sie zu ihm zurück und sagten:

"Wir haben beschlossen, es dir zu überlassen, o' Nachfolger des Gesandten Allahsﷺ."

Er sagte: "Gebt mir Zeit, damit ich jemanden auswählen kann, der Allah am gefälligsten ist und Seine Religion und Seine Sklaven am besten schützt."

Er blickte also auf die Menschen und sagte zu ihnen:

"Akzeptiert ihr denjenigen, den ich als euren Führer ernenne? Bei Allah, ich habe versucht, den Besten zu ernennen; ich habe keinen Verwandten ernannt. Ich habe Umar ibn Al-Khattab zu eurem Anführer ernannt, also hört auf ihn und gehorcht."

Die Gefährten sagten: "Wir werden zuhören und gehorchen."

Dann wandte sich Abu Bakr(R.A) in einem Bittgebet an Allah(S.W.T.) und drückte seine Sorge vor seinem Herrn aus. Er sagte:

"Ich habe den Besten von ihnen und denjenigen, der am eifrigsten ist, über sie eingesetzt, um sie auf den richtigen Weg zu führen."

## Umar(R.A) als Kalif

Er war der erste Kalif, der zum "Ameer-ul-Momineen (Fürst der Gläubigen)" ernannt wurde.  Seine Errungenschaften während seiner Herrschaft als Kalif sind so zahlreich, jedoch sind im Folgenden einige Höhepunkte seiner Errungenschaften während der Amtszeit seines "Khilafat" aufgeführt:

- Er ist derjenige, der den Mondkalender (Hijri Jahr, d.h. nach dem Datum der Migration des Propheten Mohammad ﷺ nach Medinah).
- In seiner Ära erlangte der Islam eine große Stellung, da das islamische Reich in einem noch nie dagewesenen Tempo expandierte und den gesamten Irak, Ägypten, Libyen, Tripolis, Persien, Khurasan, Ostanatolien, Südarmenien und Sajistan beherrschte.  Jerusalem (erste Qiblah) wurde während seiner Herrschaft zusammen mit dem gesamten sassanidischen Perserreich und zwei Dritteln des Oströmischen Reiches erobert.
- Er führte verschiedene Stellen in der politischen und zivilen Verwaltung ein, wie z. B. den Chefsekretär (Khatib), den Militärsekretär (Khatib-ud-Diwan), den Steuereintreiber (Sahib-ul-Kharaj), den Polizeichef (Sahib-ul-Ahdath), den Finanzbeamten (Sahib Bait-ul-Maal) und viele andere offizielle Stellen.
- Umar(R.A.) war der erste, der eine spezielle Abteilung zur Untersuchung von Beschwerden gegen die Beamten des Staates einrichtete.

- Er führte auch die Praxis ein, das Land zu vermessen und zu dokumentieren, und führte ein Zensus-System ein. Er ließ Kanäle graben und besiedelte Städte wie Koofah, Basrah, Jeezah, Fustat (Kairo) und grenzte Provinzen aus den eroberten Gebieten ab.
- Er war der erste, der Händlern rivalisierender Länder erlaubte, muslimische Gebiete zum Zweck von Geschäften zu betreten.
- Umar[R.A.] war der erste, der das System der öffentlichen Ämter einführte, in dem die Aufzeichnungen der Beamten und Soldaten geführt wurden. Er war auch die erste Person, die Polizeikräfte zur Aufrechterhaltung der zivilen Ordnung einsetzte. Ein weiterer wichtiger Aspekt von Umars[R.A.] Herrschaft war, dass er jedem seiner Gouverneure/Beamten verbot, sich am Handel oder an irgendwelchen Geschäften zu beteiligen, während er eine Machtposition innehatte.
- Vor allem verlangte Umar[R.A.] in den eroberten Ländern nicht, dass die nicht-muslimische Bevölkerung zum Islam konvertiert, und er versuchte auch nicht, die Regierung zu zentralisieren. Stattdessen erlaubte er den eroberten Bevölkerungen, ihre Religion, Sprache und Bräuche beizubehalten, und ließ seine Herrschaft relativ intakt, indem er nur einen Gouverneur (Amir) und einen Finanzbeamten (Amil) einsetzte. Diese neuen Positionen waren ein integraler Bestandteil des effizienten fiskalischen Netzwerks, das das Imperium finanzierte.

Umars[R.A.] allgemeine Anweisungen an seine Offiziere waren:

"Denkt daran, Ich habe euch nicht als Befehlshaber und Tyrannen über das Volk eingesetzt. Stattdessen habe ich euch als Führer ausgesandt, damit die Menschen euch folgen. Gebt den Muslimen ihre Rechte, damit sie nicht missbraucht werden. Lobe sie nicht übermäßig, damit sie nicht in die Sünde der Eitelkeit fallen. Verschließt nicht die Türen vor ihren Gesichtern, sonst würden die Mächtigeren die Schwächeren fressen. Und tu nicht so, als wärst du ihnen überlegen, denn das ist Tyrannei über sie."

## Martyrium

Imam ibn Kathir sagte, dass Umar(R.A), als er im Jahre 23 Hijri seine Riten der Hadsch beendete, betete und Allah(S.W.T.) bat, ihn zu sich zu nehmen und ihm den Märtyrertod im Land des Heiligen Propheten ﷺ, d.h. Madinah, zu gewähren. Allah ist in der Tat gütig zu wem Er will. Es geschah, dass Abu Lulu Al- Fayruz, der Magier (der fire-Anbeter), ein Ungläubiger und römischer Herkunft, Umar(R.A) während des Fajr Salah (Morgengebet) mit einem Dolch mit zwei Klingen stach. Er stach dreimal auf ihn ein, eine davon unterhalb des Nabels. Daraufhin fiel Umar(R.A) reichlich blutend zu Boden und wurde mit Blut, das aus seiner Wunde strömte, in sein Haus gebracht.  All dies geschah vor Sonnenaufgang.

Dann fragte Umar(R.A): "Wer hat mich getötet?"

Seine Gefährten antworteten: "Abu Lulu, der Magian."

Da war Umar(R.A) erfreut und sagte: "Gepriesen sei Allah, der mich nicht aus den Händen eines Monotheisten afflexiert hat. Ich pflegte euch zu verbieten, uns irgendeinen ungehobelten Infidel zu schicken, aber ihr habt mir nicht gehorcht."

Dann sagte er: "Ruft nach meinen Brüdern."

Sie fragten: "Wer?"

Umar[R.A] sagte: "Uthman, Ali, Talhah, Zubair, Abdul Rahman bin Awf, und Sad bin Abi Waqas."

Als sie ankamen, sagte Umar[R.A]:

"Ich habe mir die Angelegenheiten der Muslime angesehen, und ich fand euch sechs als die Besten und Klügsten. Ich sehe für niemanden die Autorität, außer für einen von euch. Wenn ihr aufrichtig seid, dann wird die Angelegenheit des Volkes aufrichtig sein. Wenn es Uneinigkeit gibt, dann deshalb, weil ihr (untereinander) uneinig wart." Da wurde ihm das Blut abgewischt, und er sagte: "Berate dich drei Tage lang, und in der Zwischenzeit soll Suhayb Ar-Rumi das Volk im Gebet anführen." Sie fragten: "Mit wem sollen wir uns beraten, o Fürst der Gläubigen?" Er antwortete: "Beratet euch mit den Einwanderern und den Unterstützern sowie mit den Befehlshabern der Armeen."

Er bat um einen Schluck Milch. Als er es trank, konnte man das Weiße der Milch aus seinen Wunden sickern sehen, und es war für sie klar, dass er sterben würde. Er sagte:

"Die Zeit ist jetzt (d.h. des Todes). Wenn ich die ganze Welt hätte, würde ich sie hergeben, um mich von dem Schrecken des Ausgangspunkts freizukaufen."

Dann wurde seine Seele genommen. Dies geschah am 26 Dhul Hijjah, 23 n.H. (Mittwoch, 7. November 644 n.Chr.). Er war dreiundsechzig Jahre alt und seine Ära erstreckte sich über zehn Jahre.

Nach dem Willen von Umar[R.A] wurde er mit Erlaubnis der Mutter der Gläubigen, Aisha Siddiqua[R.A], neben dem Propheten Mohammad ﷺ und Kalif Abu Bakr[R.A] in Masjid Al-Nabawi beigesetzt.

# Die Strenge von Umar(R.A.)

Umar(R.A) war höchst demütig vor Allah und führte ein karges Leben. Seine Nahrung war sehr grob, und er flickte seine Kleidung mit Leder.  Er pflegte eine Wasserhaut auf seinen Schultern zu tragen, obwohl er sehr angesehen war.  Er lachte selten und scherzte nie mit jemandem.  Auf seinem Ring war eingraviert: "Der Tod ist sufficient als eine Ermahnung, O' Umar."

Als er zum Kalifen ernannt wurde, sagte er: "Nichts ist (für mich) aus der Schatzkammer mehr erlaubt als zwei Kleider, eines für die kalte Jahreszeit und das andere für die trockene Jahreszeit. Der Lebensunterhalt meiner Familie wird dem eines durchschnittlichen Mannes der Quraisch entsprechen und nicht dem der Reichen unter ihnen, denn ich bin nur ein gewöhnlicher Mann unter den Muslimen (d.h. nichts Besonderes an mir)."

Auf der historischen Mission nach Jerusalem gehörten ein Sack voll verdorrtem Gerstenmehl, ein Kamel, ein Sklave und ein hölzerner Becher zum Besitz von Umar(R.A), dem Khalifen der muslimischen Ummah, einem prächtigen und mächtigen islamischen Herrscher, dessen Kavallerie bereits Paläste und Kronen und Throne unter den Hufen seiner Pferde zertrampelt hatte. Es war ein einzigartiges Szenario islamischer Gleichberechtigung und Menschenwürde, dass der Kalif mal auf dem Kamel saß und der Sklave am Zügel des Kamels mitlief und mal andersherum.

Zur Zeit der Dürre aß Umar(R.A) Brot und Öl, bis seine Haut blass und dunkel wurde, und er pflegte zu sagen: "Was für ein schlechter Führer bin ich, wenn ich mein Essen esse und das Volk hungert."

Möge Allah(S.W.T) ihn mit den besten Belohnungen belohnen. Ameen.

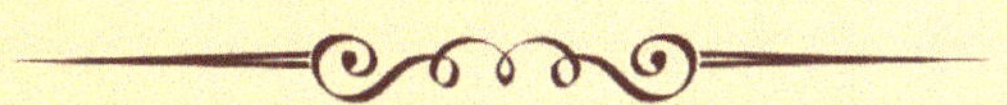

# Usman Zun-Noorain

## 644-656 CE

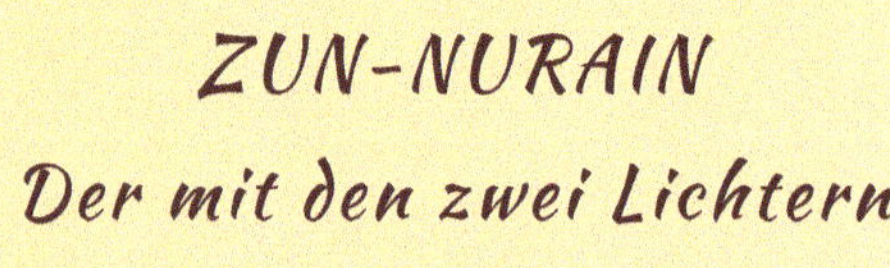

## Abstammung und Leben vor dem Islam

Sein voller Name ist Uthman ibn Affan(R.A). Er wurde in Mekka geboren, und er war etwa fünf Jahre jünger als der Gesandte Allahs ﷺ. Sein Vater starb vor dem Islam, d.h. in der vorislamischen Zeit. Der Name seiner Mutter war Arwa bint Kurayz, und sie starb in der Zeit, als Usman(R.A) Kalif war. In der vorislamischen Gesellschaft gehörte Uthman(R.A) zu den Besten seines Volkes. Er war von hohem Status, sehr wohlhabend, zu bescheiden und eloquent in der Rede. Sein Volk liebte ihn innig und respektierte ihn. Er warf sich nie vor einem Götzen nieder und hatte auch vor dem Islam nie eine unmoralische Handlung begangen. Auch trank er vor dem Islam keinen Alkohol. Er war gut bewandert in der Kenntnis von Überlieferungen, Sprichwörtern und der Geschichte von wichtigen Ereignissen. Er reiste nach Syrien und Äthiopien und vermischte sich mit nicht-arabischen Menschen und lernte Dinge über ihr Leben und ihre Bräuche, die sonst niemand wusste. Er kümmerte sich um die Geschäfte, die er von seinem Vater geerbt hatte, und sein Reichtum wuchs. Er wurde als einer der Männer des Banu Umayyah-Klans angesehen, die bei allen Quraisch in hohem Ansehen standen. So wurde Uthman(R.A) als ein Mann von hohem Status unter seinem Volk angesehen und er wurde sehr geliebt.

# Akzeptanz des Islam &

# Unermessliche Liebe mit Rasulallah ﷺ

Uthman(R.A) war vierunddreißig Jahre alt, als Abu Bakr As-Siddique(R.A) ihn zum Islam rief, und er zögerte nicht im Geringsten und antwortete sofort auf den Ruf von Abu Bakr(R.A). Er war der vierte Mann, der den Islam nach Abu Bakr(R.A), Ali ibn Talib(R.A) und Zaid ibn Harithah(R.A) annahm. Er wurde früh Muslim und nahm an den beiden Migrationen teil: zuerst nach Abessinien (Äthiopien) und dann nach Madinah.

Der wichtigste Faktor, der Uthmans(R.A) Charakter stärkte, der seine Talente und Potentiale zum Vorschein brachte und seine Seele läuterte, war sein Zusammensein mit dem Gesandten Allahs ﷺ und sein Studium bei ihm. Er sagte:

"Allah, der Allmächtige, sandte den Propheten Mohammad ﷺ mit der Wahrheit und offenbarte ihm das Buch, und ich war einer von denen, die Allah und Seinem Gesandten ﷺ gehorchten und glaubten. Ich machte die beiden frühen Wanderungen, und ich wurde der Schwiegersohn des Gesandten Allahs ﷺ, und ich erhielt die Rechtleitung direkt von ihm".

Er war einer der zehn, denen der Prophet Muhammad ﷺ die frohe Botschaft vom Paradies verkündete, und einer der Gefährten, die den Qur'an zusammenstellten.

# Liebe zum Qur'an

Uthman<sup>(R.A)</sup> war dem Heiligen Koran zutiefst verbunden. Er war ein 'Hafiz' des Qur'an (Auswendiglernen des Qur'an) und pflegte die ganze Zeit den Koran zu lesen. Uthman<sup>(R.A)</sup> rezitierte den gesamten Koran zurück zum Propheten Mohammad ﷺ, bevor er verstarb.

Es wurde erzählt, dass:

"Diejenigen, die den Qur'an lehrten, wie Uthman ibn Affan, Abd-Allah ibn Masood und andere, erzählten uns, dass sie, wenn sie zehn Verse vom Heiligen Propheten ﷺ lernten, nicht über sie hinausgingen, bis sie das darin enthaltene Wissen gelernt hatten und wie man es in Taten anwenden kann."

Die folgenden Aussprüche von Uthman<sup>(R.A)</sup> zeigen deutlich seine Verbundenheit und Liebe zum Heiligen Qur'an:

" Wenn unsere Herzen rein wären, hätten wir nie unsere fill von den Worten Allahs<sup>(S.W.T.)</sup>"

"Ich möchte nicht, dass der Tag kommt, an dem ich nicht im Buch Allahs (d.h. im Heiligen Qur'an) nachschaue."

# Migration nach Äthiopien

Uthman<sup>(R.A)</sup> und seine Frau Syeda Ruqayyah<sup>(S.A.)</sup>, Tochter des Heiligen Propheten ﷺ, wanderten zusammen mit zehn muslimischen Männern und drei Frauen nach Äthiopien (Abessinien) aus. Einige Muslime schlossen sich ihnen später als Auswanderer an. Alle ausgewanderten Muslime fanden in

Abessinien Sicherheit, Geborgenheit und Religionsfreiheit. Uthman(R.A) hatte bereits einige Geschäftskontakte in Äthiopien; daher übte er weiterhin seinen Beruf als Händler aus.

Als es ein Gerücht gab, dass die Menschen in Mekka Muslime geworden waren, erreichte die Nachricht davon die Auswanderer in Abessinien, so dass sie zurückkamen, aber als sie sich Mekka näherten, hörten sie, dass die Nachricht falsch war. Trotzdem zogen alle Auswanderer in die Stadt ein. Unter denen, die zurückkehrten, waren Uthman(R.A) und Syeda Ruqayyah(S.A.) und sie ließen sich wieder in Mekka nieder. Uthman(R.A) blieb in Mekka, bis Allah die Erlaubnis gab, nach Madinah auszuwandern.

## Heirat mit den Töchtern Rasulallahs ﷺ

Er heiratete Syeda Ruqayyahh(S.A), Tochter des Propheten Mohammad ﷺ, die in der Nacht der Schlacht von Badr verstarb. Als die Muslime auszogen, um die Schlacht von Badr zu schlagen, war Uthmans(R.A) Frau krank und war an ihr Bett gefesselt zu der Zeit, als sein Vater, Prophet Mohammad ﷺ, die Muslime aufrief, die Karawane der Quraisch abzufangen. Uthman(R.A) beeilte sich, mit dem Gesandten Allahs ﷺ hinauszugehen, aber er ﷺ erlaubte Uthman(R.A) nicht, mit ihnen zu gehen und befahl ihm, bei Ruqayyah(S.A) zu bleiben und sie zu pflegen, indem er sagte:

" Du [Uthman(R.A.)] wirst die gleiche Belohnung und den gleichen Anteil (an der Beute) erhalten wie jeder von denen, die an der Schlacht von Badr teilgenommen haben (wenn du bei ihr bleibst)." (Bukhari: 3699)

Uthman(R.A) gehorchte bereitwillig und blieb bei seiner Frau. Als sie ihre letzten Atemzüge aushauchte, sehnte sie sich danach, ihren Vater ﷺ zu sehen, aber sie bekam ihn nicht zu sehen. Ihr trauernder Ehemann, Uthman(R.A), begrub seine geliebte Frau in Al-Baqee (dem heiligen Friedhof der Muslime in der Nähe von Masjid Al-Nabawi in Madinah). Nachdem Rasulallah ﷺ siegreich von der Schlacht von Badr zurückgekehrt war, erfuhr er vom Tod seiner Tochter. Er ging hinaus nach Al-Baqee und stand über ihrem Grab und betete um Vergebung.

Nach dem Tod von Syeda Ruqayyah(S.A.) heiratete Prophet Mohammad ﷺ seine andere Tochter, Syeda Umm Kulthom(S.A.), mit Uthman(R.A). Wie von Abu Hurairah(R.A) überliefert, stand der Gesandte Allahs ﷺ an der Tür der Masjid Al-Nabawi und sagte:

"O Uthman, Jibreel hat mir gesagt, dass Allah möchte, dass du Umm Kulthoom für eine Mitgift (Mehr) heiratest, die der von Ruqayyah ähnlich ist, und dass du sie mit ähnlicher Freundlichkeit behandelst." (Ibn Majah: 110)

Uthman(R.A) und Syeda Umm Kulthoom(S.A.) heirateten. Nach drei Tagen ihrer Hochzeit besuchte der Prophet Mohammad ﷺ ihre Tochter und fragte:

"O meine Tochter, wie hast du deinen Mann (d.h. Uthman) gefunden?" Sie sagte: "Der beste aller Ehemänner."

Umm Kulthoom(S.A.) blieb bis zu ihrem Tod bei Uthman(R.A). Prophet ﷺ verrichtete das Totengebet für sie. Uthman(R.A) war tief betrübt über den Verlust von Syeda Umm Kulthoom(S.A.). Als Rasulallah ﷺ Uthman(R.A) mit gebrochenem Herzen und Zeichen der Trauer auf seinem Gesicht gehen sah, kam Er ﷺ zu Uthman(R.A) und sagte:

"O Uthman, wenn ich eine dritte hätte, würde ich sie dir zur Frau geben."

Dies ist ein Hinweis auf die Liebe des Propheten Muhammad ﷺ zu Uthman(R.A) und auf Uthmans(R.A) Loyalität und Respekt gegenüber seinem Propheten ﷺ. Die Gelehrten sagen, dass niemand außer ihm dafür bekannt ist, zwei Töchter eines Propheten geheiratet zu haben. Aus diesem Grund erhielt er den Spitznamen 'Zun-Noorain' (der mit den zwei Lichtern).

## Beitrag zur Verbreitung des Islam

## Und für das Wohlergehen der Muslime

Uthman(R.A) war einer der reichsten von denen, denen Allah Reichtum verliehen hatte. Er verwendete seinen Reichtum im Gehorsam gegenüber Allah(S.W.T.) Er war immer der erste, der Gutes tat und auf dem Weg Allahs(S.W.T.) ausgab, und er fürchtete keine Armut. Unter den vielen Beispielen für seine Ausgaben sind die folgenden:

- Als der Prophet ﷺ nach Madinah kam, war die einzige Quelle für frisches Wasser der Brunnen von Bir Rumah, und ohne Bezahlung durfte niemand Wasser aus dem Brunnen trinken. Uthman(R.A) kaufte den Brunnen vom Besitzer (der ein Jude war) für zwanzigtausend Dirhams und spendete ihn für die Reichen und Armen und Wanderer.
- In Madinah wurde die Masjid Al-Nabawi zu klein für die Muslime, um fünfmal zu beten. Uthman(R.A) kaufte das Land neben der Moschee für fünfundzwanzig oder zwanzigtausend Dirham, und dieses Land wurde der Moschee hinzugefügt, die dann groß genug wurde, um die Muslime unterzubringen.

- Er gab einen erheblichen Betrag für die Ausrüstung der muslimischen Armee für den Feldzug von Tabook.
- Während des Kalifats von Umar(R.A) war der Status von Uthman(R.A) der eines Beraters. Während des Kalifats von Umar(R.A) richtete Uthman(R.A) das System der Aufzeichnungen über den ausgegebenen und verdienten Reichtum (den Diwan) ein. Uthman(R.A) war derjenige, der Umar(R.A) vorschlug, das Hijri-Jahr (Islamischer Kalender) einzuführen.

## Ernennung zum Kalif

Umar ibn Al-Khattab(R.A) bildete auf seinem Sterbebett ein Komitee von sechs Personen, um den nächsten Kalifen aus ihrer Mitte zu wählen. Das Komitee grenzte die Möglichkeiten auf zwei ein: Uthman(R.A) und Ali(A.S). Ali(A.S) stammte aus der Sippe der Banu Hashim (der gleichen Sippe wie der Prophet Muhammad ﷺ) aus dem Stamm der Quraisch, und er war auch der Cousin und Schwiegersohn des Heiligen Propheten ﷺ und war einer seiner Gefährten von Beginn seiner Verkündigung an gewesen. Uthman(R.A) stammte aus dem Banu Umayya Clan des Stammes der Quraisch. Er war ein Cousin zweiten Grades und Schwiegersohn des Propheten Muhammad ﷺ und einer der ersten Konvertiten zum Islam. Also, Ali(A.S) stimmte für Uthman(R.A) und Uthman(R.A) stimmte für Ali(A.S).

Uthman(R.A) wurde schließlich gewählt. Am vierten Tag nach dem Tod von Umar(R.A) wurde Uthman(R.A) zum dritten Kalifen mit dem Titel "Amir Al-Muminin" (Der Fürst der Gläubigen) gewählt. Er trat vor das Volk und erklärte seine Herangehensweise an das Regieren, indem er erklärte, dass er den Richtlinien des Qur'an und der Sunna folgen würde und in die Fußstapfen der beiden Vorgänger-Kalifen [d.h. Abu Bakr[R.A] und Umar[R.A]] treten würde. Er erklärte auch, dass er die Angelegenheiten des Volkes mit Nachsicht und Weisheit leiten würde, aber er würde keinen Kompromiss akzeptieren, was die Strafen betrifft, die aus Gründen der Gerechtigkeit ausgeführt werden müssen.

## Höhepunkte seiner Herrschaft als Kalif

Uthmans[R.A] Errungenschaften während seiner Herrschaft als Kalif, sind so viele. Er regierte zwölf Jahre lang. Im Folgenden sind einige Höhepunkte seiner Errungenschaften während der Dauer seines Kalifats (Khilafat) aufgeführt:

- <u>Eroberungen</u>: Uthman[R.A] setzte die von Umar[R.A] begonnenen Eroberungskriege fort. Rashiduns Armee eroberte Nordafrika von den Byzantinern und nahm sogar Spanien ein und eroberte die Küstengebiete der Iberischen Halbinsel sowie die Inseln Rhodos und Zypern. Außerdem eroberte Rashiduns Armee die Küste Siziliens vollständig, das Sassanidenreich und seine östlichen Grenzen reichten bis zum Indus-Fluss.
- <u>Erweiterung der Prophetenmoschee</u>: Uthman[R.A] erweiterte die Moschee des Propheten (Masjid Al-Nabawi) in den Jahren 29-30 n.Chr. und errichtete das erste islamische Netz zum Schutz der muslimischen Strände vor den Angriffen der Byzantiner.
- <u>Zusammenstellung des Korans</u>: Eine der bedeutendsten Errungenschaften Uthmans[R.A] ist die Kompilation des Heiligen Koran, die im Kalifat von Abu Bakr Siddique[R.A] begonnen wurde. Unter seiner Autorität wurden

diakritische Zeichen in arabische Buchstaben geschrieben, so dass Nicht-Muttersprachler den Koran leicht lesen konnten.

In der zweiten Hälfte seines Kalifats begannen aufgrund der Ausdehnung der islamischen Eroberungen und neuer Muslime, die den Geist der Ordnung und des Gehorsams nicht verinnerlicht hatten, sowie Feinde des Islams, die von Juden angeführt wurden, zivile Konflikte zu provozieren, um die Einheit der Muslime und ihren Staat zu schwächen. Sie weckten Zweifel an der Politik Uthmans[R.A] und stachelten die Menschen in Ägypten, Kufa und Basra zur Rebellion auf. Sie verleiteten ihre Anhänger dazu, ihren Plan umzusetzen und trafen den Kalifen und baten ihn, aufzugeben. Uthman[R.A] rief sie zu einer Versammlung in der Moschee mit hochrangigen Gefährten[R.A] und anderen Leuten der Stadt. Er widerlegte ihre unzuverlässigen Schwätzer, beantwortete ihre Fragen und verzieh ihnen. So kehrten sie in ihr Land zurück und verbargen ihre Bosheit und schworen, wieder in die Stadt zu kommen, um ihre Verschwörungen auszuführen, die von dem Juden Abdullah bin Saba, der vorgab, ein Muslim zu sein, übertrieben wurden.

## Martyrium

Im Shawwal, 35 n.H., kam es zum Aufruhr, und die Frevler belagerten Uthman[R.A] in seinem Haus vierzig Tage lang und hinderten ihn am Gebet in der Moschee und sogar am Wasser. Doch als er einige der Gefährten[R.A] sah, die sich darauf vorbereiteten, gegen sie zu kämpfen, verhinderte er diesen Kampf, da er nicht das Blut eines Muslims um seiner selbst willen vergießen wollte. Dann brachen die Verschwörer von hinten in sein Haus ein und griffen ihn an, als er gerade den Heiligen Qur'an las. Seine Frau Naila[R.A] versuchte, ihn zu beschützen, aber sie schlugen sie mit dem Schwert und schnitten ihr die Gliedmaßen ab. Die Rebellen töteten ihn, und sein eigenes kostbares Exemplar des Qur'an wurde mit seinem Blut getränkt. Er wurde am 18. Dhul-Hijjah 35 Hijri, 656 n. Chr., zum Märtyrer. Er wurde in Al-Baqee begraben, dem heiligen Friedhof der Muslime in der Nähe von Masjid Al-Nabawi in Madinah.

Möge Allah sich Uthman ibn Affan[R.A.] erbarmen und mit ihm zufrieden sein und uns in seiner Gesellschaft versammeln. Ameen.

# Ali Asadullah

## 656–661 CE

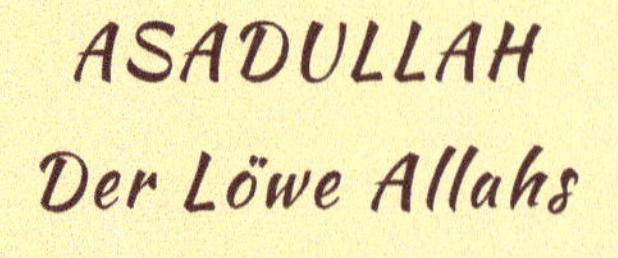

## Abstammung & Attribute

Sein voller Name ist Ali Ibn Abi Talib. Er stammte aus der angesehensten Familie des Stammes der Quraisch, der Familie der Banu Hashim, und er war der Cousin des Propheten Muhammad ﷺ. Der Name seiner Mutter war Fatimah(S.A), und sie nahm früh den Islam an und wanderte nach Madinah aus. Sein Vater, Abu Talib, war das Oberhaupt des Stammes der Banu Hashim, und er war der Hüter der Ka'ba und war der Onkel des Propheten Muhammad ﷺ. Abu Talib war ein Nachkomme des Propheten Ismael(A.S), dem Sohn des Propheten Ibrahim(A.S).

Ali(A.S) wurde in Mekka geboren, und er nahm den Islam schon sehr früh an, als er neun Jahre alt war. Er war einer der zehn Männer, denen die frohe Botschaft des Paradieses zuteil wurde. Er heiratete die Tochter des Propheten ﷺ, Syeda Fatima(S.A). Er war ein herausragender Gelehrter, ein mutiger Soldat, ein bemerkenswerter Asket und ein bemerkenswerter Redner.

## Frühes Leben und Annahme des Islam

Als Ali(A.S) im Alter von fünf Jahren war, wurde Quraisch von einer Dürre heimgesucht, die die wirtschaftliche Lage in Mekka beeinträchtigte. Daher appellierte der Heilige Prophet ﷺ an seinen Onkel Al-Abbas, Abu Talib in der Krise zu helfen. Sie boten Abu Talib an, sich um seine Kinder zu kümmern, da

Al-Abbas sich entschied, sich um Dschafar zu kümmern, und der Heilige Prophet ﷺ nahm Ali(A.S) zu sich und gab ihm in seiner frühen Kindheit jede Freundlichkeit und Zuneigung, die ihn für den Rest seines Lebens prägte. Er wuchs im Haushalt des Heiligen Propheten ﷺ auf, und als der Heilige Prophet ﷺ die erste Offenbarung empfing, war Ali(A.S) der erste, der in früher Kindheit Muslim wurde.

Einmal kam Ali Ibn Abu Talib(A.S) nach Hause, während der Prophet ﷺ und seine edle Frau Khadijah(R.A.) beteten. Ali(A.S) fragte nach dem Gebet, woraufhin der Prophet ﷺ ihm sagte, dass es die richtige Religion ist, die verlangt, keinen Gott außer Allah anzubeten. Doch der Prophet ﷺ bat ihn, die Angelegenheit geheim zu halten. Am nächsten Morgen kam Ali(A.S) zum Propheten ﷺ und erklärte seinen Islam. Anfangs hielt er seinen Islam geheim, da er sich vor seinem Vater fürchtete, aber als Abu Talib ihn erkannte, billigte er ihn und bat ihn, daran festzuhalten.

# Rolle bei der Wanderung des Heiligen Propheten ﷺ von Makkah nach Madinah

Der Heilige Prophet Muhammad ﷺ war in Mekka als der vertrauenswürdigste aller Männer bekannt. Obwohl sie seine Religion nicht akzeptierten, vertrauten ihm die Menschen in Mekka weiterhin ihre wertvollen Sachen und ihr Geld an, das er sicher verwahrte. In der Anfangsphase des Islams sahen sich die Muslime immensen Schwierigkeiten durch die Ungläubigen von Mekka gegenüber. Der Prophet Muhammad ﷺ blieb in Mekka und wartete auf Allahs Erlaubnis, nach Madinah auszuwandern, während seine Gefährten früh auswanderten. Als die Ungläubigen von Mekka ein Komplott schmiedeten, um den Gesandten Allahs ﷺ zu töten, offenbarte ihm der Engel Gabriel(A.S) die Einzelheiten dieses bösen Komplotts. So bat der Heilige Prophet ﷺ Ali(A.S), in seinem Bett zu schlafen, um sich für ihn auszugeben und die Mörder zu verwirren, dass der Heilige Prophet ﷺ noch im Haus ist; während er sein Haus sicher in der Nacht verließ und zusammen mit Abu Bakr Siddique(R.A.) nach Madinah wanderte. Es war Ali(A.S), dem der Heilige Prophet ﷺ vertraute, die Besitztümer an ihre Besitzer zurückzugeben, als er nach Madinah ging. Später wanderte auch Ali(A.S) nach Madinah aus, um sich dem Heiligen Propheten ﷺ anzuschließen. Ali(A.S) hatte auf seiner Reise nach Madinah sehr gelitten, da er diese lange Reise auf seinen Füßen verbrachte. Als er Madinah erreichte, kam Rasulallah ﷺ ihm freudig entgegen, schickte treue Gebete zu Allah(S.W.T.) und bat um Güte und Segen für Ali Ibn Abi Talib(A.S).

Nach der Übersiedlung nach Madinah, als der Heilige Prophet ﷺ die Grundlagen der islamischen Gesellschaft legte, war Ali(A.S), da er ihm so nahe stand, äußerst aktiv darin, dem Heiligen Propheten ﷺ zu dienen, seine Anweisungen zu befolgen und von seiner Führung zu lernen.

## Heirat mit Syeda Fatima(S.A.)

Ali(A.S) heiratete die geliebteste Tochter des Heiligen Propheten ﷺ, Syeda Fatima(S.A.), eine der besten Frauen überhaupt. Ihre Mutter war Khadijah(R.A.). Die gesegnete Hochzeit fand nach der Schlacht von Ohud in Madinah statt. So hatte Ali(A.S) die zusätzliche Ehre, durch seine Söhne Al-Hasan(A.S) und Al-Hussain(A.S) und seine Töchter Zainab(S.A.) und Umm Kulthoom(S.A.) von Syeda Fatima(S.A.) der Vater der Nachkommenschaft des Propheten Muhammad ﷺ zu sein.

# Beiträge und Unterstützung bei der Verbreitung des Islam

Ali<sup>(A.S)</sup> war so zuverlässig und vertrauenswürdig, dass der Heilige Prophet ﷺ ihn als einen der Schriftgelehrten bestimmte, der den Text des Heiligen Qur'an, der ihm zu Lebzeiten offenbart worden war, aufschreiben sollte. Als sich der Islam in ganz Arabien auszubreiten begann, half Ali<sup>(A.S)</sup>, die neue islamische Ordnung zu etablieren, indem er die Botschaften überbrachte und die islamischen Richtlinien verkündete. Außerdem wurde er beauftragt, den Vertrag von Hudaybiyah, den Friedensvertrag zwischen dem Propheten Muhammad ﷺ und Quraisch, niederzuschreiben. Ali<sup>(A.S)</sup> wurde in den Jemen geschickt, um die Lehren des Islam zu verbreiten. Er wurde auch damit beauftragt, mehrere Streitigkeiten zu schlichten und die Aufstände verschiedener Stämme niederzuschlagen.

## Der Löwe Allahs<sup>(S.W.T)</sup>

Ali<sup>(A.S)</sup> war für seine Tapferkeit bekannt. Er nahm an fast allen Schlachten gegen die Ungläubigen zur Zeit des Propheten Muhammad ﷺ teil, mit Ausnahme der Schlacht von Tabuk im Jahr 9 Hijri, da der Heilige Prophet ﷺ Ali<sup>(A.S)</sup> mit der Führung der Stadt beauftragt hatte. Er nahm auch an einzelnen Schlachten gegen die Ungläubigen teil und beherrschte die berühmtesten Krieger Arabiens. Ali<sup>(A.S)</sup> war nicht nur der Bannerträger in diesen Schlachten, sondern führte auch Gruppen von Kriegern auf Raubzügen in feindliche Gebiete.

In der Schlacht von Badr besiegte er den Champion der Umayyaden, Walid Ibn Utba, und zwanzig weitere polytheistische Soldaten.

Ali(A.S) war prominent bei der Schlacht von Uhud, als der Bannerträger des Islam gemartert wurde; es war Ali(A.S), der ihn aufrichtete. Dann wurde er von einem Ungläubigen herausgefordert, den Ali(A.S) bekämpfte und im Alleingang besiegte. Ali(A.S) war es auch, der den Heiligen Propheten ﷺ mit anderen treuen Gefährten um sich scharte, als die Bogenschützen auf der Suche nach Beute ihre Plätze verließen und das Chaos entstand. Ali(A.S), den Allah beschützt hatte, stand unerschütterlich an der Seite des Propheten Muhammad ﷺ.

In der Grabenschlacht besiegte Ali(A.S) mutig einen prominenten Anführer der Ungläubigen namens Amr Ibn Wudd.

In der Schlacht von Khaybar, als es der muslimischen Armee zweimal nicht gelang, die jüdische Festung zu erobern, sagte der Heilige Prophet ﷺ in dieser Nacht: "Bei Gott, morgen werde ich es [das Banner] einem Mann geben, der Gott und Seinen Gesandten liebt, und den Gott und Sein Gesandter lieben. Allah wird ihm den Sieg schenken." Am nächsten Morgen brachten die Gefährten Ali(A.S) mit, aber er hatte wunde Augen (Ophthalmie). Sie brachten ihn zum Gesandten Allahs ﷺ, der seinen Speichel auf seine Augen auftrug, und er wurde gesund. Der Gesandte Allahs ﷺ gab ihm die Fahne.

Als Ali(A.S) die Zitadelle von Qamus erreichte, wurde er am Tor von Marhab, einem kampferfahrenen jüdischen Häuptling, empfangen. Marhab rief aus: "Khaybar weiß wohl, dass ich Marhab bin, ein bewährter, tapferer Krieger, dessen Waffe scharf ist. Manchmal stoße ich mit dem Speer, manchmal schlage ich mit dem Schwert zu; wenn die Löwen in brennender Wut vorrücken".

Ali[A.S] rief als Antwort:

"Ich bin derjenige, dessen Mutter ihn 'Haidar (Löwe)' nannte, (und bin) wie ein Löwe des Waldes mit einem furchteinflößenden Antlitz. Ich gebe meinen Gegnern das Maß "sandara" im Austausch für "sa'" (Kelch), d. h. ich erwidere ihren Angriff mit einem, der viel heftiger ist)."

Die beiden Soldaten schlugen aufeinander ein, und nach dem zweiten Schlag durchtrennte Ali[A.S] den Helm von Mirhab, spaltete seinen Schädel und landete mit seinem Schwert in den Zähnen seines Gegners. Eine andere Überlieferung beschreibt: "Ali[A.S] schlug auf den Kopf von Mirhab und tötete ihn." Während des Kampfes schlug ihn ein Jude, so dass ihm sein Schild aus der Hand fiel, und Ali[A.S] verlor seinen Schild. Als er einen Ersatz brauchte, nahm er eine Tür und benutzte sie, um sich zu verteidigen. Die Tür soll so schwer gewesen sein, dass es acht Männer brauchte, um sie wieder in die Scharniere zu hängen. Es wird auch gesagt, dass er, als die Zeit kam, die Festung zu durchbrechen, die Tür als Brücke hinunterwarf, um seiner Armee zu ermöglichen, in die Zitadelle einzudringen und die letzte Schwelle zu überwinden. Die Festung fill dem Ansturm der Muslime zum Opfer und der Sieg war errungen.

Außerdem war Ali[A.S] einer der Gefährten, die in der Schlacht von Hunain unerschütterlich an der Seite des Propheten Muhammad ﷺ standen.

Der Titel "der Löwe Allahs[S.W.T.]" ist für Ali ibn Abi Talib[A.S] wegen seiner Tapferkeit auf den Schlachtfeldern wohlverdient.

# Unterstützung der ersten drei Kalifen

Abu Bakr As-Siddique[R.A] schickte Ali[A.S] mit einer Gruppe der Gefährten, um die Grenzen der Stadt in kritischen Zeiten zu schützen. Außerdem beriet sich Abu Bakr[R.A] mit Ali[A.S], bevor er gegen den Glaubensabfall und die Römer kämpfte. Aus Erzählungen geht hervor, dass das Richteramt während des Kalifats von Abu Bakr[R.A] an Ali[A.S] delegiert wurde.

Ali[A.S] gelobte Umar[R.A] seine Treue und half ihm als vertrauenswürdiger Berater. Unter dem Kalifat von Umar[R.A], einer einzigartigen Periode in der Weltgeschichte in Bezug auf territoriale Eroberungen, hatte Ali[A.S] Anspruch auf den Posten des Beraters des Kalifen. Keine wichtige Angelegenheit wurde ohne seine Beratung gelöst. Durch seinen Mut und seine Tapferkeit stach er unter seinen Zeitgenossen hervor. Während des Kalifats von Umar[R.A] besiegte die islamische Armee den römischen Kaiser in Syrien, Ägypten und Nordafrika. Außerdem eroberte die islamische Armee den persischen Kaiser im Irak, Persien, Khurasan und reichte bis an die Grenzen der Türkei und Indiens. Die ganze Zeit über pflegte Umar[R.A] die weisen Gefährten des Propheten ﷺ wie Ali[A.S] zu konsultieren und ihre Vorschläge in politischen Fragen einzuholen. Es wurde überliefert, dass Ali[A.S] derjenige war, der Umar[R.A] riet, die Hidschra als Beginn des islamischen Kalenders festzulegen. Auch war es Ali[A.S], der Umar[R.A] riet, nach Jerusalem zu gehen, um die Heilige Moschee von den Römern zu erhalten, während Umar[R.A] Ali[A.S] die Verantwortung für Madinah übertrug. Somit ist er es, dem es gelingt, die Zitadelle von Khalibar einzunehmen. Ali[A.S] war einer der Wahlräte von Umar[R.A], um den dritten Kalifen zu wählen. Uthman[R.A] und Ali[A.S] waren die beiden Hauptkandidaten.

Ali(A.S) gelobte auch Uthman(R.A) seine Treue und blieb in Madinah, um ihn zu unterstützen. Ali(A.S) spielte eine bedeutende Rolle während der Aufwiegelung zur Rebellion gegen Uthman(R.A). Ali(A.S) unterstützte Uthman(R.A) und verteidigte ihn, indem er ihm Ratschläge erteilte und sich der provinziellen Opposition stellte, die aus Ägypten und dem Irak kam. Sie zielten darauf ab, Uthman(R.A) durch Ali(A.S) abzulösen, doch dieser lehnte ihre Forderungen entschieden ab. So gaben sie vor, sich zurückzuziehen, aber nach drei Tagen kehrten sie nach Madinah zurück, um Uthman(R.A) und seine Familie zu belagern. Ali(A.S) und seine Söhne verteidigten Uthman(R.A) eifrig, und sie sollten die Aufrührer fight, aber Uthman(R.A) weigerte sich, Menschen um seinetwillen zu töten. Es war ein kompliziertes Unglück in der islamischen Geschichte, das durch die Ermordung von Uthman(R.A) gekennzeichnet war.

## Ali Ibn Abi Talib(A.S) als der vierte Kalif

Nach dem Märtyrertod des dritten Kalifen, Uthman(R.A), traten die Gefährten des Propheten an Ali(A.S) heran und baten ihn, der Kalif zu werden. Zunächst lehnte er die Verantwortung für diese große Aufgabe ab und schlug vor, stattdessen ein Berater zu sein. Aber schließlich entschied er sich, die Angelegenheit den Muslimen in der Moschee des Propheten vorzutragen. Das Ergebnis war, dass die überwältigende Mehrheit der Gefährten in Madinah Ali(A.S) als die geeignetste Person für das Amt des Kalifen nach Uthman(R.A) ansah. Auch bei der Wahl des dritten Kalifen war die endgültige Wahl zwischen Uthman(R.A) und Ali(A.S). Uthman(R.A) hatte für Ali(A.S) gestimmt und Ali(A.S) für Uthman(R.A) als die am besten geeignete Person für das Amt des Kalifats. Ali(A.S) wurde als der ideale Mann für den vierten Kalifen angesehen. Wenn er den unausweichlichen Lauf der Dinge nicht hätte aufhalten können, dann konnte es auch kein anderer. Tatsächlich aber erwies er sich in diesen stürmischen Tagen als die bestmögliche Lösung für das Wohl des Islam. Was das Urteilsvermögen anbelangt, so hatte er unter den Gefährten des Heiligen Propheten ﷺ keinen Ebenbürtigen. So willigte er ein, die Verantwortung zu übernehmen, und ihm wurden Treuegelöbnisse geschworen.

Bei seiner Machtübernahme stand der neue Kalif vor mehreren Problemen. Erstens musste er den Frieden im Staat herstellen und die sich verschlechternde politische Situation ändern. Zweitens musste er gegen die Attentäter von Uthman(R.A) vorgehen. Kurz nachdem Ali(A.S) Kalif geworden war, setzte er die von Uthman(R.A) ernannten Provinzgouverneure ab und ersetzte sie durch vertraute Helfer. Er schrieb Anweisungen an seine Beamten, die klarstellten, welche Form des Regimes er einführen wollte. Ali(A.S) erklärte den Leuten, dass die muslimische Politik von Uneinigkeit und Disharmonie geplagt sei und dass er den Islam von allem Übel reinigen wolle, das er erlitten habe. Dann warnte er alle Beteiligten, dass er keine Rebellion dulden würde und dass alle, die wegen rebellischer Aktivitäten verurteilt würden, hart behandelt werden würden. Er riet den Menschen, sich wie wahre Muslime zu verhalten. Es sollte kein Regime sein, in dem die Offiziere dominierten und sich an öffentlichen Geldern bereicherten. Er glaubte, dass die Menschen und die Herrscher Rechte übereinander hätten, und Allah(S.W.T.) habe diese Rechte so geschaffen, dass sie einander gleichgestellt seien. Es wäre ein Regime, in dem die Regierten und die Steuerzahler eine Prämie haben würden. Es war ihre Bequemlichkeit, dass der Staat arbeiten musste. Es war ein Wohlfahrtsstaat, der nur für das Wohl der Menschen arbeitete, die unter seiner Herrschaft lebten, ein Regime, in dem die Reichen nicht reicher werden können, während die Armen ärmer werden; ein Regime, in dem die

Kanons der Religion ein Gleichgewicht zwischen den Beherrschten und den Herrschenden herstellen.

Die Regierungszeit von Ali[(A.S)] war vor allem durch das Auftreten von Prüfungen und Unruhen unter den Muslimen gekennzeichnet. Eine sorgfältige Lektüre der islamischen Geschichte ergab, dass die Hauptursache für diese Unruhen die Partei der Sabiten war, die von jüdischen Sklaven und Dorfbewohnern unterstützt wurde. Ihr Anführer, Abdullah ibn Saba, war ein Jude, gab aber vor, während des Kalifats von Uthman ibn Affan[(R.A)] zum Islam übergetreten zu sein. Das Hauptziel von Ibn Saba war es, die Muslime zu spalten und Anarchie in der islamischen Gesellschaft zu verbreiten. Er provozierte die Muslime, Uthman[(R.A)] zu töten, da er annahm, dass Uthman[(R.A)] den Sitz von Ali[(A.S)] eingenommen hatte. Er war auch die Hauptquelle des Unfriedens und der Revolution während der Herrschaft von Ali[(A.S)]. Während Alis[(A.S)] Kalifat gab es sicherlich Blutvergießen unter den Muslimen, aber es sollte auch daran erinnert werden, dass Ali[(A.S)], wann immer er eine gute Gelegenheit sah, Blutvergießen zu vermeiden, sich zum Wohle der muslimischen Nation zurückhielt. Ali[(A.S)] war der festen Überzeugung, dass er keinen Krieg mit anderen Muslimen beginnen sollte, aber seine Armee zog sich nicht zurück, als der Feind den Krieg begann. Er befahl seinen Soldaten, keine Verletzten zu töten, die sich nicht verteidigen oder vom Schlachtfeld fliehen konnten, und keine Frauen zu verletzen.

Das Kalifat von Ali[(A.S)] umfasste keine neuen Eroberungen, sondern zeichnete sich durch zivile und kulturelle Errungenschaften aus, wie z.B. die Organisation der Polizei, den Bau des Schiedsgerichts und die Errichtung von Gefängnissen. Außerdem verlegte Ali[(A.S)] die Hauptstadt des Kalifats von

Madinah nach Kufah im Irak, aufgrund seiner strategischen Lage in der Mitte des damaligen islamischen Reiches. Kufah blühte auf, da dort die Schulen für Rechtswissenschaft und Grammatik gegründet wurden. Außerdem gab Ali<sup>(A.S)</sup> den Befehl, die Buchstaben des Heiligen Qur'an erstmals mit Vokalzeichen zu versehen.

## Martyrium

Am 19. des Ramadan, während Ali<sup>(A.S)</sup> das Fajr-Gebet in der Koufa-Moschee betete, griff ihn ein Mann namens 'ibn Muljam' mit seinem Schwert an, das mit Gift bedeckt war. Ein Ältester der Quraisch berichtete, dass Ibn Muljam, als er Ali<sup>(A.S)</sup> schlug, sagte:

"Ich wurde vom Herrn der Ka'ba abgelöst."

Ali<sup>(A.S)</sup> lebte zwei Tage lang verwundet von dem vergifteten Schwert. Er befahl seinen Söhnen, die Gruppe von Menschen nicht zu töten, da die Tat nur von einem Mitglied der Kharijiten-Gruppe begangen wurde und nicht von allen.

Während dieser zwei Tage diktierte er seinem Haus sein Testament:

"Ich rate euch, niemanden als Partner des Herrn zu betrachten, seid fest in eurem Glauben, dass es einen und nur einen Gott gibt, d.h. Allah. Vergeudet nicht das Wissen, das euch der Prophet Muhammad ﷺ gegeben hat, und gebt seine Sunna [Traditionen] nicht auf und zerstört sie nicht. Bewahrt diese beiden Säulen des Islam [den Monotheismus und die Sunna] und handelt nach meinem Rat."

Er nahm den Märtyrertod am 21. Ramadan in der Stadt Kufa im Jahr 661 n. Chr. an. Sein Kalifat blieb für fünfeinhalb Jahre bestehen. Imam Hasan(A.S) leitete das Totengebet für ihn und nahm später auch Qisas, indem er Ibn Muljam tötete.

Möge Allah sich Ali Ibn Abi Talib(A.S) erbarmen und mit ihm zufrieden sein und uns in seiner Gesellschaft versammeln. Ameen.

ISBN  978-1-990544-46-0

*Suche nach der ISBN auf der Website des Händlers

## ISBN 978-1-990544-50-7  Warum Wir Unseren Prophet Muhammad ﷺ Lieben?

Dieses wunderschön gestaltete Buch verbreitet den Duft der Liebe und des Mitgefühls, die der Heilige Prophet ﷺ durch seine Lehren und Taten gezeigt hat. Seine Barmherzigkeit umfasst alle, d.h. die Kinder, die Diener, die Armen, die Tiere und die Vögel und vor allem seine Ummah (Muslimische Nation).

Die Kinder werden auch lernen, wie man den Gesandten Allahs ﷺ für seine unermesslichen Opfer und seinen Kampf für die Verbreitung des Islams zurücklieben kann, und wie man sein Mitgefühl auf andere ausdehnen kann.

## ISBN 978-1-990544-47-7  Engel & Dschinn; Wer Sind Sie?

Muslimische Kinder fragen sich oft, was es mit den Engeln und Dschinn auf sich hat.

Gibt es sie wirklich oder sind sie nur ein Mythos? Wann und warum wurden sie erschaffen? Sind sie mächtiger und größer als die Menschen? Wie können sie uns helfen oder schaden?

Dieses wunderschön gestaltete Buch beantwortet die Neugierde der Kinder auf die Realität der Engel und Dschinn. Kinder werden den islamischen Glauben über sie lernen und das unsichtbare Universum Allahs (S.W.T) um uns herum erkunden.

## ISBN 978-1-990544-48-4  Was ist Religion?

Muslimische Kinder fragen oft nach den großen Religionen in der heutigen modernen Welt.

Was sind die Unterschiede zwischen ihren Anhängern? Wie wurden sie gebildet und verbreitet? Warum hat Allah, der Allmächtige, zahlreiche Propheten und Gesandte geschickt? Was ist die Einzigartigkeit und Authentizität des Islam und des Propheten Muhammad ﷺ?

Dieses wunderschön gestaltete Buch beantwortet die Neugier der Kinder auf verschiedene Religionen und hilft den Eltern, das Konzept und die Authentizität der letzten wahren Religion, des Islam, zu erklären.

## ISBN 978-1-990544-49-1  Raschidun-Kalifen

Die Lebensgeschichte von vier großen Gefährten des Propheten Muhammad ﷺ

Dieses wunderschön gestaltete Buch erklärt den Kindern die großartigen Lehren des Propheten Muhammad ﷺ an seine Gefährten (R.A.), die ihre Denkweise völlig veränderten, und wie sie diese Lehren später umsetzten, um Freunde und Feinde gleichermaßen zu inspirieren.

Erfahren Sie, wie diese vier rechtgeleiteten Kalifen zu einem Leuchtturm der Führung wurden und zum ersten Mal das Konzept eines Wohlfahrtsstaates für die heutige Welt schufen.

## *Suche nach der ISBN auf der Website des Händlers